DESCUBRAMOS
PAÍSES DEL MUNDO

Descubramos la
INDIA

Jillian Powell

GARETH**STEVENS**

GS

PUBLISHING

A Member of the WRC Media Family of Companies

Please visit our web site at: www.garethstevens.com
For a free color catalog describing Gareth Stevens Publishing's list
of high-quality books and multimedia programs, call 1-800-542-2595 (USA)
or 1-800-387-3178 (Canada). Gareth Stevens Publishing's fax: (414) 332-3567.

Library of Congress Cataloging-in-Publication Data available upon request from publisher.
Fax (414) 336-0157 for the attention of the Publishing Records Department.

ISBN-13: 978-0-8368-7954-4 (lib.bdg.)
ISBN-13: 978-0-8368-7961-2 (softcover)

This North American edition first published in 2007 by
Gareth Stevens Publishing
A Member of the WRC Media Family of Companies
330 West Olive Street, Suite 100
Milwaukee, Wisconsin 53212 USA

Series editor: Sarah Peutrill
Art director: Jonathan Hair
Design: Rita Storey
Picture research: Diana Morris

Gareth Stevens editor: Dorothy L. Gibbs
Gareth Stevens art direction: Tammy West
Gareth Stevens graphic designer: Charlie Dahl

Spanish edition produced by A+ Media, Inc.
Editorial director: Julio Abreu
Chief translator: Adriana Rosado-Bonewitz
Associate editors: Janina Morgan, Carolyn Schildgen
Graphic design: Faith Weeks

Photo credits: (t=top, b=bottom, l=left, r=right, c=center)
Dinodia Photo Library: all photos, except the following. Binder/Superbild/A1 pix: 27t.
Superbild/A1 Pix: front cover, 11, 20, 26.

Every effort has been made to trace the copyright holders for the photos used in this book. The publisher apologizes,
in advance, for any unintentional omissions and would be pleased to insert the appropriate acknowledgements in any
subsequent edition of this publication.

Printed in Canada

1 2 3 4 5 6 7 8 9 10 10 09 08 07 06

Contenido

Las palabras definidas en el glosario están impresas en **negritas** la primera vez que aparecen en el texto.

¿Dónde está la India?

La India es un país grande en Asia. Es el séptimo país más grande del mundo.

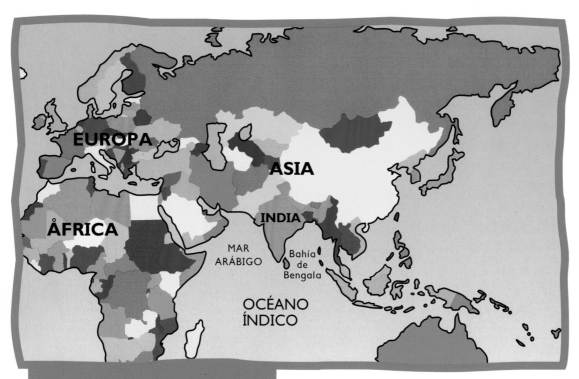

La parte sur de la India es una **península** que llega hasta el Océano Índico.

La capital de la India es Nueva Delhi y se encuentra en la parte norte del país. Nueva Delhi es un importante centro de negocios, con bancos, oficinas, fábricas, tiendas y un aeropuerto internacional.

Estos edificios grandes en Nueva Delhi tienen adentro oficinas de gobierno.

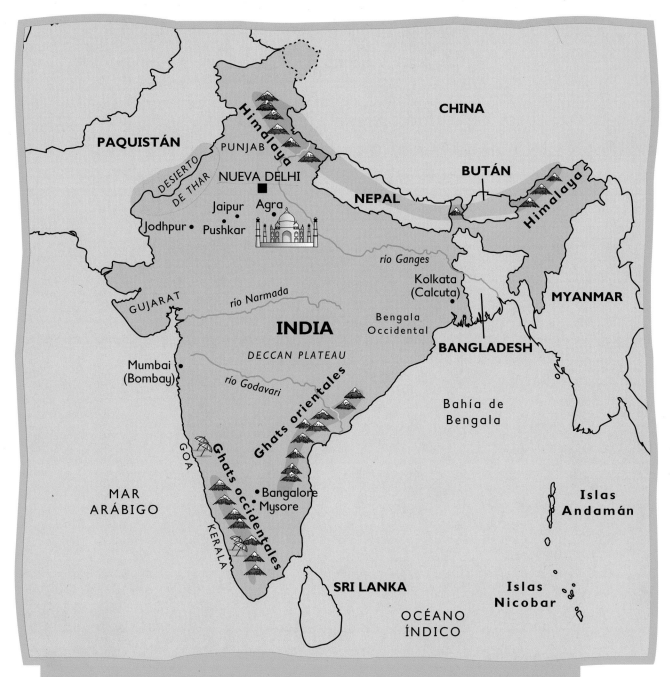

Este mapa muestra todos los lugares que se mencionan en este libro.

La India tiene un litoral largo, con el Mar Arábigo al oeste, la Bahía de Bengala al este y el Océano Índico al sur.

El paisaje

Partes diferentes de la India tienen paisajes diferentes. Al norte los Montes Himalaya tienen algunos de los picos más altos del mundo. Al oeste de los Himalaya, el seco Desierto de Thar atraviesa la frontera noroeste de la India hasta Paquistán.

Los picos de los Himalaya están cubiertos de nieve durante todo el año.

La zona central es un área grande de tierras bajas y planas. Ríos grandes, incluyendo el Ganges, atraviesan esta llanura central. La mayoría de la gente de la India vive en esta región y trabaja en sus **fértiles** tierras.

¿Lo sabías?

Los tigres aún viven en estado salvaje en las selvas de la India.

En Punjab, son comunes los campos de plantas de mostaza. Este estado de la India está en una región seca entre el Desierto de Thar y los Montes Himalaya.

Más al sur, la meseta de Deccan es un área grande de tierras altas y planas. Las montañas boscosas de Los Ghats occidentales y orientales se elevan a cada lado de la meseta.

El sur de la India tiene también bellísimas playas arenosas, en especial a lo largo del litoral occidental, en los estados de Goa y Kerala.

Playas como ésta en Goa, atraen a los turistas de todo el mundo.

Clima y estaciones

La India tiene tres estaciones principales. Los meses fríos de invierno duran desde octubre hasta febrero.

Luego sigue el verano, con un tiempo caluroso y seco que en muchas partes del país ocasiona **sequías** hasta junio. Entonces, comienza la temporada de **monzones**.

Muchas veces durante la sequía, las personas, como estas mujeres de Gujarat, tienen que recolectar el agua en recipientes de cualquier lugar donde la encuentren.

En la India, la temporada de monzones significa lluvias abundantes todo los días.

Durante la temporada de monzones, soplan vientos cálidos desde el Océano Índico, trayendo consigo fuertes lluvias e inundaciones. Algunas tormentas de monzones, llamadas ciclones, son muy intensas. Estas tormentas traen vientos muy fuertes que a veces causan **marejadas** a todo lo largo del litoral oriental de la India.

Las temperaturas más bajas de la India se encuentran en los Montes Himalaya. Las temperaturas más altas ocurren en el Desierto de Thar, donde pueden alcanzar los 45° Celsius (115° Fahrenheit) en el calor del verano.

¿Lo sabías?

Muchas canciones y poemas indios celebran la llegada de las lluvias del monzón.

La gente de la India

En la India, viven más de mil millones de personas. En este país, viven más personas que en cualquier otro país del mundo, excepto China. Cada estado de la India tiene su propio idioma, estilo de vestir y **tradiciones**.

La religión es importante para las personas en la India. Rezan diariamente. La mayoría de los indios es hindú, pero otros son musulmanes, sijs y cristianos.

La mayoría de los hogares hindúes tiene **santuarios** donde las familias rezan sus oraciones diarias.

Hay mucha gente en un mercado callejero en el pueblo de Pushkar. Además del hindi y el inglés, las personas de Pushkar hablan rajasthani y gujarati.

El hindi es el idioma principal de la India, pero existen 18 otras lenguas estatales y más de 1,600 **dialectos** diferentes. El idioma inglés se utiliza en la India para hacer negocios y gobernar. En las escuelas de la India, los niños utilizan el hindi, el inglés y sus lenguas estatales.

Escuela y familia

En la India, los niños van a la escuela a partir de los seis o siete años. Hasta los catorce años, la educación es gratuita para todos los niños.

Aún siendo gratuita la educación, muchos niños de familias pobres no van a la escuela o van sólo por pocos años. Estos niños tienen que trabajar para ganar dinero y ayudar a sus familias. Los niños más pobres de la India viven en las calles y piden dinero.

Los niños de esta escuela de Bengala Occidental, esperan en fila, según sus cursos, antes de entrar a clases cada mañana.

Las celebraciones familiares son comunes en la mayoría de los hogares indios.

La vida familiar es muy importante en la India. Muchas veces los niños, sus padres y abuelos viven juntos en la misma casa. Los parientes indios se reúnen casi siempre para celebrar reuniones familiares y festivales religiosos.

Vida rural

En la India, la mayoría de la gente vive en el campo. Muchos cultivan pequeños lotes de tierra para alimentar a sus familias. Algunas familias campesinas también crían vacas para obtener leche.

La mayor parte del trabajo en las granjas familiares, tal como la siembra y el cultivo de las cosechas, se hace a mano. A veces se usan bueyes o búfalos de la India para jalar las carretas. Los niños ayudan en las tareas de la granja y en las tareas diarias del hogar, tales como sacar agua de los pozos del pueblo.

Este jovencito se refresca con agua sacada de un pozo del pueblo.

¿Lo sabías?

En la India, la gente a veces pinta los cuernos de sus vacas para demostrar a qué familia pertenecen.

Los vendedores ambulantes usan bicicletas para llevar de pueblo en pueblo las mercancías que quieren vender.

Para ganar un poco de dinero, algunas personas siembran cultivos adicionales para vender o cambiar en los mercados. Otros tejen telas o canastas o hacen otros artículos para venderlos en los mercados.

Vida urbana

Las ciudades de la India han crecido rápido. Muchos jóvenes se han ido del campo para buscar trabajo en las ciudades.

Nueva Delhi, la capital de la India, es una ciudad llena de gente, con muchos edificios de gobierno y de empresas. Bangalore es una ciudad de compañías de alta tecnología y centros de investigación. Mumbai, la mayor ciudad y puerto de la India, es un centro comercial e industrial.

¿Lo sabías?

La ciudad de Mumbai se conocía antes como Bombay.

Esta calle de Nueva Delhi está lista para un festival.

En la India, las calles de las ciudades, como ésta en Mumbai, están llenas de tráfico.

Todas las ciudades de la India comparten problemas de sobrepoblación, **pobreza** y **contaminación**. Las calles están llenas de coches, camiones, autobuses, tranvías, motocicletas y **bicicletas rickshaws.**

Mientras que en las ciudades los ricos disfrutan de un estilo moderno de vida, con tiendas, restaurantes, clubes deportivos y vida nocturna, muchas personas viven en la pobreza, sin trabajo, sin casas y sin atención médica.

Casas indias

En las ciudades, mucha gente vive en edificios de apartamentos. Los más ricos viven en casas grandes con comodidades modernas, tales como aire acondicionado y televisión satelital.

¿Lo sabías?

Jodhpur es llamada la Ciudad Azul porque muchas de sus casas están pintadas de ese color.

Esta casa pintada de colores brillantes en Mumbai es la casa de un pescador.

Estos edificios modernos en Jaipur son apartamentos.

Estas casas tradicionales de los pueblos del estado de Gujarat están hechas de adobe y tienen **techos de paja**.

Muchas veces las casas tradicionales de la India se construyen alrededor de un patio que tiene un santuario para los rezos diarios. Estas casas, por lo general, tienen una habitación grande donde vive la familia, junto con una despensa y un refugio para animales.

Comida india

La mayor parte de la comida de la India es colorida y lleva muchas especias. A las personas les gusta comprar alimentos frescos en los mercados locales. Las comidas vegetarianas, como guisos de verduras y postres dulces de leche hechos con nueces y especias son populares en la India. Los hindúes de la India no comen carne. Los musulmanes no comen puerco.

Cazuelas de especias coloridas iluminan este puesto de mercado en Mysore.

¿Lo sabías?

El plato conocido como pato Bombay ¡es realmente pescado frito!

En el sur, los guisados se comen con arroz o se sirven con pan de arroz o con tortillas de harina de arroz. En el norte, muchos platos se sirven con panes delgados, como *parathas* o *chapatis*.

Esta mujer prepara *chapatis* al aire libre. Este tipo de pan aplanado es delgado como una tortilla.

Durante las comidas, a las familias de la India les gusta comer juntos. Comparten varios recipientes con alimentos como arroz, vegetales con especias y yogur.

En sus casas, muchas veces los indios comen sentados en el suelo con las piernas cruzadas.

El trabajo

Las industrias de la India incluyen agricultura, pesca, **textiles**, maquinaria, químicos, aeronáutica, automóviles y computadoras. La industria turística atrae a millones de visitantes de todo el mundo a las grandes ciudades, las hermosas playas y los lugares famosos como el Taj Mahal.

En la India, la fabricación de autos y otros tipos de máquinas son industrias en crecimiento.

¿Lo sabías?

Bangalore es reconocida como la ciudad de silicón de Asia por su industria tecnológica de rápido crecimiento.

Telefonistas en un centro de llamadas hablan por teléfono todo el día.

En las ciudades, las industrias de servicios, tales como bancos, agencias de viajes, compañías de teléfonos celulares y **centros de llamadas**, proporcionan más empleos para mujeres.

En el campo, la mayoría de las personas trabaja en las granjas. Millones de niños que viven en aldeas ayudan en las granjas. Los niños también hacen o venden artículos para ganar un poco de dinero para sus familias.

Un palo largo es la única herramienta que usa este granjero en el estado de Gujarat para mantener en movimiento su rebaño.

La diversión

En las grandes ciudades de la India, a las personas les gusta ir al cine. Disfrutan especialmente las películas de Bollywood, que son realizadas por la industria de cine de Mumbai. En sus casas, algunas de las familias más ricas tienen televisión por cable o por satélite.

Este cartel de Bollywood anuncia una comedia.

Lanzarse unos a otros polvos de colores, llamados *gulal*, forma parte de la diversión cuando las personas de la India celebran el festival de primavera llamado Holi.

La India cuenta con muchos festivales religiosos de gran colorido durante todo el año. Tanto **Holi** como **Divali** son festivales hindúes. Las personas de la India celebran estos festivales comiendo, disfrazándose, bailando y mirando los fuegos artificiales.

En la India, muchas personas disfrutan de los deportes. El hockey de campo, el cricket y el fútbol son algunos de los más populares, tanto para jugar como para verlos. Algunos deportes tradicionales populares incluyen carreras de elefantes y de camellos y juegos en equipo como ***kabaddi***.

El hockey de campo es el deporte nacional de la India.

25

La India: datos

- La India es el país más grande del sur de Asia.

- Es una **república** y miembro de la **Comunidad de Naciones**. El presidente es el **jefe de estado**, y el primer ministro dirige el gobierno.

- La India se compone de veintiocho estados y siete territorios. Cada estado y cada territorio poseen su propio gobierno. Los territorios de la India incluyen algunas de las mayores ciudades, así como algunas islas, tales como las Andamán y las Nicobar.

- India posee la segunda mayor población del mundo. China es el único otro país con más gente.

- Las ciudades principales de la India incluyen Nueva Delhi (la capital), Mumbai (Bombay), Kolkata (Calcuta) y Bangalore.

La bandera de la India lleva franjas anaranjadas, blancas y verdes, con un símbolo budista en el centro de la franja blanca. El verde significa tierra fértil, el blanco paz y el color anaranjado, valentía.

El Taj Mahal, en Agra, es uno de los lugares más famosos de la India.

¿Lo sabías?

El Taj Mahal fue construido como tumba para una emperatriz.

La moneda de la India es la rupia.

Glosario

bicicletas rickshaws – carros pequeños o vehículos de ruedas que llevan a pasajeros y son arrastrados por personas en bicicletas

centros de llamadas – lugares donde unos telefonistas contestan llamadas telefónicas para negocios diferentes para ayudar a sus clientes.

Comunidad de Naciones – un grupo de países independientes que anteriormente fueron gobernados por Gran Bretaña

contaminación – suciedad en el aire, en la tierra o en el agua, causada por desechos y químicos de las industrias y el tráfico

dialectos – formas locales de hablar una lengua

Divali – Festival hindú de las Luces, que se realiza a fines de octubre o principios de noviembre

fértiles – tierras buenas para cultivar

Holi – celebración de primavera del norte de la India, a menudo llamada el Festival del Color

jefe de estado – el representante principal de un país

kabaddi **–** un juego en equipo que combina un tipo de fútbol o rugby y lucha libre

marejadas – enormes olas que chocan contra las costas, causando inundaciones y otros daños

monzón – vientos fuertes y cálidos que soplan desde el océano y traen consigo fuertes lluvias a la tierra

península – una franja de tierra que se extiende al agua, rodeada de este agua por tres lados

pobreza – el estado o la condición de ser muy pobre

república – forma de gobierno en la que las decisiones son hechas por el pueblo del país y por sus representantes

santuarios – áreas pequeñas, a menudo decoradas con objetos religiosos, que la gente usa como sitios especiales para rezar

sequías – períodos largos de tiempo sin lluvias que son dañinos para plantas y animales en la zona

techos de paja – ramas de palmeras que se unen para hacer una cubierta gruesa y protectora

textiles – materiales hechos de hilos, telas o tejidos

tradiciones – forma de vida y creencias de ciertos pueblos que han sido pasados de generación en generación

Para más información

Ancient India
www.historyforkids.org/learn/india/

Explore the Taj Mahal
www.taj-mahal.net

Time for Kids: India
www.timeforkids.com/TFK/hh/goplaces/main/
0,20344,610558,00.html

Nota del editor para educadores y padres: Nuestros editores han revisado cuidadosamente estos sitios Web para asegurarse de que son apropiados para niños. Sin embargo, muchos sitios Web cambian con frecuencia, y no podemos asegurar que el contenido futuro del sitio seguirá satisfaciendo nuestros estándares altos de calidad y valor educativo. Se le advierte que se debe supervisar estrechamente a los niños siempre que tengan acceso al Internet.

Mi mapa de la India

Fotocopia o calca el mapa de la página 31. Despues, escribe los nombres de los países, extensiones de agua, grupos de islas, zonas terrestres y montañas, estados y ciudades que se listan a continuación. (Mira el mapa de la página 5 si necesitas ayuda.)

Después de escribir los nombres de todos los lugares, ¡colorea el mapa con crayones!

Países
China
India
Paquistán

Extensiones de agua
Bahía de Bengala
Mar Arábigo
Océano Índico
río Ganges

Grupos de islas
islas Andamán
islas Nicobar

Zonas terrestres y montañas
Desierto de Thar
Ghats occidentales
Ghats orientales
Meseta de Deccan
Montes Himalaya

Estados
Bengala Occidental
Goa
Gujarat
Kerala
Punjab

Ciudades
Agra
Bangalore
Jaipur
Jodhpur
Kolkata (Calcuta)
Mumbai (Bombay)
Mysore
Nueva Delhi (Capital)
Pushkar

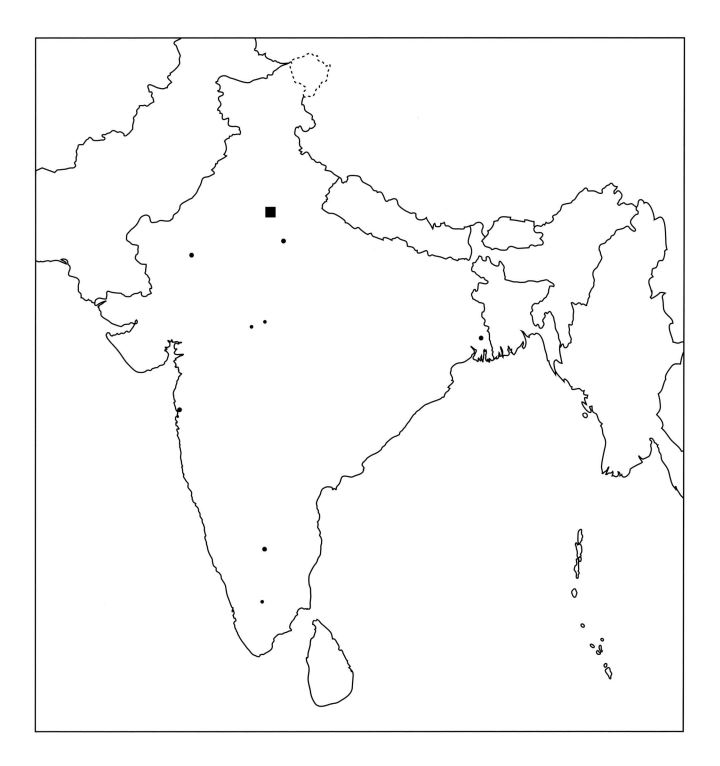

Índice